LE PHILTRE,

OPÉRA EN DEUX ACTES.

Prix : 2 fr.

IMPRIMERIE DE E. DUVERGER,
RUE DE VERNEUIL, N. 4.

LE PHILTRE,

OPÉRA EN DEUX ACTES,

PAROLES DE M. SCRIBE,

MUSIQUE DE M. AUBER.

REPRÉSENTÉ POUR LA PREMIÈRE FOIS
SUR LE THEATRE DE L'ACADÉMIE ROYALE DE MUSIQUE,
LE 15 JUIN 1831.

PARIS.

BEZOU, LIBRAIRE,
BOULEVARD S.-MARTIN, N° 29.

1831.

CHANT.

JEUNES BLANCHISSEUSES.

Mmes Lavry, Laurent, Proche, Reikmans, Leclerc, Prévost, Bouvenne, Ingrand.

VIEILLES FEMMES DU VILLAGE.

Mmes Grosnaud, Blangi, Gosselin, Darodes.

SOLDATS CHANTANS.

MM. Lallemant, Clavé, Laty, Bégrez, Forgue, Goyon.

DANSES.

Mmes Sœuriot, Marivin, Mori, Bassompierre, Lemonier, Lebeau, Campan, Delacquet, Robin, Coupotte, Aline, Cava, Lacroix, Leclercq, Sirot, Fitz-James, Benard, Chavigny, Ropiquet, Cœlino.

ENFANS DU VILLAGE.

MM. Coquel, Cœury, Alkan 1er, Alkan 2, Emmanuel, Robert, Lasarre, Colonna, Saint-Denis, Geoffroy.

PERSONNAGES.	ACTEURS.
GUILLAUME, garçon de ferme.....	MM. Nourrit.
JOLI-CŒUR, sergent............	Dabadie.
Le docteur FONTANAROSE, charlatan......................	Levasseur.
LE VALET du Charlatan..........	Élie.
TÉRÉZINE, jeune fermière........	Mmes Damoreau.
JEANNETTE, blanchisseuse........	Javurek.
Jeunes filles du village.	
Soldats de la compagnie de Joli-Cœur.	

La scène se passe aux environs de Mauléon, aux bords de l'Adour, dans le pays basque.

LE PHILTRE,

OPÉRA EN DEUX ACTES.

ACTE PREMIER.

Le théâtre représente les campagnes de l'Adour. A gauche, l'entrée d'une ferme. A droite, un ruisseau. Au fond des gerbes de blé entassées. Au milieu du théâtre, un arbre immense à l'ombre duquel se reposent tous les gens de la ferme qui viennent de faire la moisson. Térézine est assise et lit avec attention dans un livre qu'elle tient à la main. Guillaume seul, debout, la regarde avec tendresse. Jeannette et d'autres jeunes filles ont laissé au bord du ruisseau leur linge qu'elles blanchissaient, et se sont assises près de Térézine.

SCÈNE PREMIÈRE.

TÉRÉZINE, GUILLAUME, JEANNETTE, JEUNES FILLES.

CHOEUR.

Amis, sous cet épais feuillage
Bravons le soleil et ses feux;
Goûtons enfin après l'ouvrage
Le repos qui seul rend heureux.

GUILLAUME, regardant Térézine.

La voilà! qu'elle est jolie!
Mais depuis qu'elle a mon cœur,
Il n'est plus dans ma vie
De repos ni de bonheur.

CHŒUR.

Amis, sous cet épais feuillage
Bravons le soleil et ses feux;
Goûtons enfin après l'ouvrage
Le repos qui seul rend heureux.
C'est le repos qui rend heureux!

GUILLAUME, montrant Térézine qui continue à lire.

Elle sait lire; est-elle heureuse!
Moi je ne suis qu'un ignorant,
Et sans esprit, et sans talent.

TEREZINE, riant, en fermant le livre qu'elle tenait à la main.

Ah! l'aventure est curieuse!

JEANNETTE.

Tu ris!..... C'est donc bien beau?

TEREZINE.

Sans doute, je lisais
Un roman..... l'histoire amoureuse
Du beau Tristan de Léonnais.

GUILLAUME.

Une histoire amoureuse! ah! si par complaisance
Vous nous la lisiez!

TEREZINE.

Soit.

TOUS.

Ecoutons! du silence!

TEREZINE, lisant.

PREMIER COUPLET.

La reine Iseult, aux blanches mains,

ACTE I, SCÈNE I.

A l'amour se montrait rebelle,
Et Tristan se mourait pour elle
Sans se plaindre de ses dédains.
Lors voilà, nous dit la chronique,
Voilà qu'un enchanteur fameux
Lui fit prendre un philtre magique
Qu'on nommait le boire-amoureux.

Philtre dont la vertu secrète
Inspirait d'éternels amours!
Pourquoi faut-il que la recette
En soit perdue, et pour toujours!

GUILLAUME et LE CHOEUR.

Quel dommage que la recette
En soit perdue, et pour toujours!

TEREZINE.

DEUXIÈME COUPLET.

Dès qu'à sa bouche il le porta,
Tous deux sentirent même flamme,
Et ce feu qui brûlait son ame
Bientôt Iseult le partagea.
N'aimant que lui qui n'aimait qu'elle,
Iseult enfin, comblant ses vœux,
Jusqu'au trépas resta fidèle,
Bénissant le boire amoureux;

Philtre dont la vertu secrète
Inspirait d'éternels amours!
Pourquoi faut-il que la recette
En soit perdue, et pour toujours!

CHŒUR.

Pourquoi faut-il que la recette
En soit perdue, et pour toujours!

GUILLAUME.

Ah! qu'un philtre pareil me serait nécessaire!
(montrant Térézine.)
Elle est belle, elle est riche, et moi pour tout trésor
Je n'ai que mon amour... et ces trois pièces d'or,
Seul héritage de mon père!

(On entend un bruit de tambour; tout le monde se lève.)

SCÈNE II.

LES PRÉCÉDENS, JOLI-CŒUR, arrivant à la tête d'un détachement de soldats qui restent sous les armes au fond du théâtre. Il s'approche de Térézine qu'il salue, et à qui il offre son bouquet.

JOLI-CŒUR.

AIR.

Je suis sergent,
Brave et galant,
Et je mène tambour battant
Et la gloire et le sentiment.

Est-il beauté prude ou coquette
Que ne subjugue l'épaulette?
Pour moi, je crains peu leur rigueur;
On peut braver leur inconstance
Quand on est sergent recruteur

Dans les troupes du roi de France.
Oui, nos droits sont bien reconnus,
Mars sut toujours plaire à Vénus.

  Je suis sergent,
   Brave et galant,
Et je mène tambour battant
Et la gloire et le sentiment.
  (à Térézine.)
Gentille et farouche fermière,
Aimable objet de mon ardeur,
Pourquoi, lorsque j'ai su vous plaire,
Résister encore au vainqueur?
Que votre cœur vous persuade!
Sous-officier... c'est un beau grade!
J'ai des honneurs, vous la richesse;
Couronnez enfin ma tendresse,
Ne retardez plus mon bonheur;
Allons! allons! faites-moi mon bonheur!
  Je suis sergent,
   Tendre et galant,
Et je mène tambour battant
Et la gloire et le sentiment.

    TÉRÉZINE.

Je suis fière d'un tel hommage!

   GUILLAUME, à part.

Elle lui permet d'espérer!

    JOLI-CŒUR.

Et quel jour notre mariage?

TÉRÉZINE.

Nous verrons.

JOLI-CŒUR.

Toujours différer!

TÉRÉZINE.

C'est qu'en vous le ciel a fait naître
Tant de mérite et de talens,
Que pour les voir et les connaître
Vous sentez bien qu'il faut du temps!

JOLI-CŒUR, à part.

Ah! l'on veut du temps... je comprends!
D'une pudeur mourante inutile défense!

(à Térézine.)

Je vais faire chez vous reposer mes guerriers.

TÉRÉZINE, à Joli-Cœur.

Trop heureuse d'offrir à boire à leur vaillance!

(aux gens de la ferme.)

Quant à vous, reprenons nos travaux journaliers.

CHŒUR se levant et sortant avec lenteur et négligence.

Il faut quitte. ce doux ombrage,
Braver le soleil et ses feux;
Il faut retourner à l'ouvrage,
C'est le repos qui rend heureux.

(Joli-Cœur entre dans la ferme avec les soldats. Térézine va le suivre. Guillaume l'arrête et la retient timidement par sa jupe. Jeannette et les jeunes filles sont retournées au fond près du ruisseau, où elles se remettent à blanchir leur linge.)

SCÈNE III.

GUILLAUME, TÉRÉZINE.

GUILLAUME.

Un seul mot, par pitié !

TEREZINE.

Non vraiment, et pour cause.
Entendre soupirer me devient odieux.

GUILLAUME.

Eh ! puis-je, hélas ! faire autre chose ?
Je voudrais fuir, et je ne peux !
Un sort jeté sur moi me retient en ces lieux.
Mon oncle Richardet, percepteur à la ville,
Me voulait près de lui donner un poste utile ;
J'ai refusé !

TEREZINE.

Pourquoi ?

GUILLAUME.

J'aime mieux, c'est plus doux,
Souffrir en vous voyant qu'être heureux loin de vous.

TÉRÉZINE.

Mais votre oncle est malade... on le dit.

GUILLAUME.

Et je reste !

En ces lieux ; c'est fort mal !

TEREZINE.

Très mal, je vous l'atteste.

Contre vous il se fâchera;
Et s'il meurt, tout son bien il vous en privera.

GUILLAUME.

Qu'importe?

TEREZINE.

Et vous mourrez de faim après cela!

GUILLAUME, tristement.

Ou de faim... ou d'amour... cela revient au même.

TEREZINE.

Guillaume, écoutez-moi : vous êtes bon et franc;
  Vous n'avez pas, comme ce beau sergent,
  La vanité de croire qu'on vous aime;
Aussi je vous estime et vous plains, et je veux
  Pour vous guérir de cet amour extrême,
Vous parler franchement, si du moins je le peux.

AIR.

  La coquetterie
  Fait mon seul bonheur;
  Paraître jolie
  Sourit à mon cœur.
  J'aime que l'on m'aime,
  Qu'on m'adore... mais
  Pour aimer moi-même,
  Jamais!... non, jamais!

  Amant trop fidèle
  Qui me trouvez belle,
  Pourquoi ce courroux?

ACTE I, SCÈNE III.

Votre cœur m'appelle
Tigresse et cruelle...
Pourquoi m'aimez-vous?

La coquetterie, etc.

A l'amour loin de te livrer,
Vas, crois-moi, d'une erreur pareille
Guéris-toi, je te le conseille;
Oui, je te le conseille,
Mais sans le désirer!...

La coquetterie
Fait mon seul bonheur;
Paraître jolie
Sourit à mon cœur.
J'aime que l'on m'aime,
Qu'on m'adore... mais,
Pour aimer moi-même,
Jamais!... non, jamais!

(Elle rentre dans la ferme à gauche.)

SCÈNE IV.

GUILLAUME, JEANNETTE, ET LES JEUNES FILLES occupées à blanchir.

GUILLAUME, la regardant sortir.

Guéris-toi, me dit-elle!... à dire c'est facile;
Mais moi qui suis loin d'être habile,
Par quels moyens y parvenir?

JEANNETTE, qui s'est levée et s'est approchée de lui.

Pauvre garçon! quel chagrin est le vôtre!

GUILLAUME.

Jeannette, par bonté, daignez me secourir!
D'un amour malheureux comment peut-on guérir?

JEANNETTE.

Un seul moyen!

GUILLAUME.

Lequel?

JEANNETTE.

C'est d'en aimer une autre!

GUILLAUME.

Vous croyez?

JEANNETTE.

J'en suis sûre.

GUILLAUME.

Eh bien! par amitié
Aimez-moi, je vous prie, ou du moins par pitié.

JEANNETTE, riant.

Vraiment?

(appelant ses compagnes.)

Est-il possible
D'être insensible
Aux feux d'un jouvenceau
Si beau!

Il veut qu'on l'aime,
Et de soi-même
On l'aimerait sans ça
Déjà.

GUILLAUME.

Vous vous riez de moi! vous riez de mes peines!

(aux autres jeunes filles.)

Mais vous, soyez moins inhumaines!

TOUTES, le raillant.

Est-il possible
D'être insensible
Aux feux d'un jouvenceau
Si beau!

Il veut qu'on l'aime,
Et de soi-même
On l'aimerait sans ça
Déjà.

GUILLAUME, furieux.

Être aimé... n'est donc pas possible,
Et pour y parvenir il faudrait se damner;
A Lucifer lui-même il faudrait se donner.

ENSEMBLE.

JEANNETTE ET LES JEUNES FILLES riant.	GUILLAUME, à part, se désespérant.
Est-il possible	Est-il possible
D'être insensible	D'être insensible
Aux feux d'un jouvenceau	Aux tourmens
Si beau!	Qu'ici je ressens!
Il veut qu'on l'aime,	Tout m'abandonne;
Et de soi-même	Jamais personne
On l'aimerait sans ça	N'aura, je croi,
Déjà!	Pitié de moi!

(On entend plusieurs sons de trompette; on voit accourir tous les gens du village.)

JEANNETTE.

Quel bruit soudain se fait entendre ?
Pourquoi tout le village ici vient-il se rendre ?

SCÈNE V.

LES PRÉCÉDENS, LE DOCTEUR **FONTANAROSE**, dans un cabriolet doré et de forme antique, traîné par un cheval blanc ; son valet, qui est derrière lui, sonne de la trompette. Il est debout sur son char, tenant à la main des papiers et des rouleaux. Tout le village l'entoure.

CHOEUR.

C'est quelque grand seigneur
Qui parmi nous voyage ;
Quel brillant équipage !
Honneur ! à sa grandeur
 Honneur ! honneur
 A monseigneur !

FONTANAROSE, du haut de son char.

RÉCITATIF.

Vous me connaissez tous, messieurs, je le suppose.
Vous savez comme moi que médecin fameux,
Je suis ce grand docteur, nommé Fontanarose,
Connu dans l'univers... et... dans mille autres lieux !

AIR.

Approchez tous ! venez m'entendre !
Moi, l'ami de l'humanité,
A juste prix je viens vous vendre
Et le bonheur et la santé.

Mon élixir odontalgique
Détruit partout, c'est authentique,
Et les insectes et les rats,
Dont j'ai là les certificats.

Par cet admirable breuvage
Un capitoul de soixante ans
Est devenu, malgré son âge,
Grand-père de dix-huit enfans.

Adoucissant et confortable,
J'ai vu par lui, par son secours,
Plus d'une veuve inconsolable
Consolée en moins de huit jours!

Approchez tous! venez m'entendre, etc.

(s'adressant aux vieilles femmes.)

O vous, matrones rigides
Qui regrettez le bon temps,
Voulez-vous, malgré vos rides,
Voir revenir le printemps?

(aux jeunes filles.)

Voulez-vous, mesdemoiselles,
Rester jeunes et belles?

(aux garçons.)

Voulez-vous, beaux jeunes gens,
Plaire et séduire en tous les temps?

Prenez, prenez mon élixir!
Il peut tout guérir.

La paralysie
Et l'apoplexie
Et la pleurésie
Et tous les tourmens,
Jusqu'à la folie,
La mélancolie
Et la jalousie
Et le mal de dents.

Prenez, prenez mon élixir!
De tout il peut guérir.

Demandez! demandez! c'est le seul, c'est l'unique!
Vous me direz : Combien ce fameux spécifique?
—Combien, messieurs, combien?—Cent ducats?—Nullement.
—Vingt ducats?—Non, messieurs.—Dix ducats?—Non vraiment.
Demandez! demandez! le voilà! je le donne!
Les femmes, les enfans, on n'excepte personne!

Prenez, prenez mon élixir!
De tout il peut guérir.

(Il descend de son cabriolet, et tout le peuple l'entoure.)

CHOEUR.

Honneur! honneur
A ce fameux docteur!
Ah! c'est un grand docteur!

FONTANAROSE, *saluant à droite et à gauche.*

Messieurs, pour vous prouver combien je suis sensible
A l'accueil bienveillant que de vous j'ai reçu,
Je veux vous faire à tous le cadeau... d'un écu!

ACTE I, SCÈNE V.

TOUS, *tendant la main.*

Ah! quel bonheur! est-il possible!

FONTANAROSE, *tenant une fiole.*

Voici comment... Ce remède inconnu,
Je le vends en tous lieux pour six livres de France;
Mais comme en ce séjour j'ai reçu la naissance,
Et qu'à des cœurs bien nés le sol natal est cher,
Venez, Messieurs, que l'on s'approche!
Je vous le donne à tous pour trois francs!... Il est clair
Que c'est un écu net que je mets dans leur poche!

TOUS.

Il a raison! ah! c'est un grand docteur;
Donnez, donnez; rendons honneur
A ce savant docteur!

(Les valets du docteur distribuent des fioles et des rouleaux d'eau de Cologne à tous les gens du village qui s'empressent d'en acheter. Tout cela se passe au fond du théâtre. Pendant ce temps, Guillaume qui est resté pensif, s'approche de Fontanarose et le tire à part.)

GUILLAUME.

Puisque pour nous guérir des maux de toute espèce
Vous avez des secrets...

FONTANAROSE.

J'en ai de merveilleux!

GUILLAUME.

Auriez-vous *le boire-amoureux*
Du beau Tristan de Léonnais?

FONTANAROSE.

Hein! qu'est-ce?

GUILLAUME.

Un philtre qui faisait qu'on s'adorait sans cesse!

FONTANAROSE, froidement.

Dans notre état nous en tenons beaucoup!

GUILLAUME.

Il serait vrai!

FONTANAROSE.

Chaque jour j'en compose,
Car on en demande partout!

GUILLAUME.

Et vous en vendez?

FONTANAROSE.

Oui.

GUILLAUME, avec crainte.

Et combien?

FONTANAROSE.

Peu de chose!

GUILLAUME, tirant timidement trois pièces d'or de sa poche.

J'ai là... c'est tout mon bien, j'ai là trois pièces d'or!

FONTANAROSE, les regardant.

Justement, c'est le prix!

GUILLAUME, vivement et le lui donnant.

Prenez... et ce breuvage,
Ce philtre?...

FONTANAROSE, tirant de sa poche un petit flacon.

Le voici!

GUILLAUME, le saisissant avec joie.

(le retenant.)

Grands dieux! un mot encor!

ACTE I, SCÈNE V.

La manière d'en faire usage?

FONTANAROSE, gravement.

Vous prenez ce flacon, puis ensuite à longs traits,
Et lentement vous le buvez.... vous-même!
Et son effet est tel, que bientôt on vous aime.

GUILLAUME, vivement.

Sur-le-champ!

FONTANAROSE.

Non, vraiment! vingt-quatre heures après,
(à part.)
Le temps de m'éloigner, c'est le point nécessaire!

GUILLAUME, avec crainte, en montrant le flacon.

Et son goût...

FONTANAROSE.

Est divin. (à part.) Du lachryma-christi,
Qu'avec grand soin pour moi je réservais ici,
(à Guillaume.)
Mais sur un tel sujet le plus profond mystère,
Pas un mot! la police aisée à s'alarmer
Punit sévèrement ceux qui se font aimer:
Elle n'entend pas ça!

GUILLAUME, à demi-voix.

Je jure de me taire!

FONTANAROSE, à plusieurs femmes qui le tirent par son habit et veulent le consulter.

C'est bien, je suis à vous!

GUILLAUME.

Ah! quel destin prospère!

(Fontanarose va rejoindre les gens du village qui l'entourent de nouveau et ont l'air de le consulter. Il sort avec eux tandis que le chœur reprend.)

CHŒUR.

Honneur! honneur
A ce fameux docteur!
Ah! c'est un grand docteur!

SCÈNE VI.

GUILLAUME, seul regardant le flacon qu'il tient à la main.

AIR.

Philtre divin! liqueur enchanteresse
Dont l'aspect seul charme mon cœur!
Je vais enfin te devoir ma maîtresse,
Je vais te devoir le bonheur!

Grace à ton pouvoir tutélaire,
Que puis-je désirer encor?
Est-il des trésors sur la terre
Pour payer un pareil trésor!

Philtre divin! liqueur enchanteresse! etc.

(Il regarde autour de lui s'il est seul, puis il débouche le flacon et le boit lentement.)

Quelle douce chaleur
S'empare de mon cœur!

Et déjà dans son ame
Pénètre même flamme !
Ah ! oui, je le sens là,
Elle m'aime déjà !

Elle va donc se rendre,
Mon bonheur est certain ;
Mais il me faut attendre
Encor jusqu'à demain !
Demain, hélas ! me semble
Être si loin d'ici,
Que malgré moi je tremble
De mourir aujourd'hui !

(Il regarde le flacon, croit y voir encore quelques gouttes et le porte de nouveau à ses lèvres.)

Quelle douce chaleur
S'empare de mon cœur,
Et déjà dans son ame
Pénètre même flamme !
Ah ! oui, je le sens là,
Elle m'aime déjà !

(portant la main à son front.)

Quel délire nouveau ! quelle joie inconnue !
De ce philtre magique, effet miraculeux !
J'aime le monde entier, je ris, je suis heureux !
Tout réjouit mon être et s'anime à ma vue !
Allons, plus de chagrin et déjeunons gaîment ;

L'appétit me revient et le bonheur m'attend !
(chantant à pleine voix.)
Tra, la, la, la, la, la.

(Il s'asseoit près de la table de pierre, qui est à gauche, tire de sa panetière du pain et des fruits et se met à manger en chantant.)

SCÈNE VII.

GUILLAUME, près de la table, TEREZINE sortant de la ferme;
elle traverse le théâtre, elle aperçoit Guillaume et s'arrête.

TEREZINE.

DUO.

Je sais d'avance son langage,
Il va brûlant de mille feux
Me parler suivant son usage
De son désespoir amoureux !

GUILLAUME, à table et chantant.

Tra la, la, la, la, la, la, la, la.

TEREZINE, étonnée.

Eh mais ! dans sa douleur mortelle
Il est bien gai !

GUILLAUME, l'apercevant, et se levant pour aller à elle.

Dieu, la voici !...

(s'arrêtant.)

Mais qu'allais-je faire, et près d'elle
Pourquoi soupirer aujourd'hui ?

De triompher d'une inhumaine
A quoi bon m'efforcer en vain,

ACTE I, SCÈNE VII.

Puisque sans effort et sans peine
Elle doit m'adorer demain?

(I¹ va se rasseoir, et continue son repas.)

TEREZINE, le regardant avec surprise.

Non... il reste! et tranquillement
Il déjeune !!!... quel changement!
Serait-il consolé déjà!..
Un instant... c'est ce qu'on verra!

ENSEMBLE.

GUILLAUME, à part et la regardant	TEREZINE, à part le regardant.
Beauté si long-temps sévère,	Voudrait-il donc se soustraire
Tu vas me céder enfin;	A mon pouvoir souverain?
Aujourd'hui laissons la faire,	Ce serait trop téméraire,
Elle m'aimera demain!	Et je ris de son dessein.

TEREZINE.

Je vois qu'à mes leçons sensible
Mes conseils par vous sont suivis!

GUILLAUME, ingénument.

J'y tâche, et je fais mon possible
Pour profiter de vos avis!

TEREZINE, le raillant.

Quoi! ces tourmens... cette souffrance...

GUILLAUME, naïvement.

De m'en guérir, j'ai l'espérance.

TEREZINE, riant.

Vous le croyez!

GUILLAUME.

    Cela commence!

TEREZINE, étonnée.

Que dites-vous?

GUILLAUME.

Cela va mieux.
Dès aujourd'hui cela va mieux.

TEREZINE, avec dépit.

J'en suis ravie! et c'est heureux!

GUILLAUME, en confidence et la regardant tendrement.

Et bien plus, j'en ai l'assurance,
Ce sera fini dès demain!

TEREZINE, de même.

En vérité!

GUILLAUME.

J'en suis certain!

TEREZINE.

En vérité!...

GUILLAUME.

Je le sens là!

TEREZINE, à part avec coquetterie.

Eh bien!... C'est ce que l'on verra!

ENSEMBLE.

GUILLAUME.	TEREZINE.
Beauté si long-temps sévère,	Il voudrait donc se soustraire
Tu vas t'adoucir enfin;	A mon pouvoir souverain;
Aujourd'hui laissons la faire,	D'honneur, c'est trop téméraire,
Elle m'aimera demain!	Et je ris de son dessein.

SCÈNE VIII.

LES PRÉCÉDENS, JOLI-CŒUR, sortant de la ferme.

TEREZINE, à part.

Que vois-je? et pour moi quelle joie!
C'est Joli-Cœur, l'invincible sergent!
Ah! c'est le ciel qui me l'envoie!

(à Joli-Cœur, d'un air aimable.)

De nos soins êtes-vous content?

(montrant la ferme.)

Ce logis vous plaît-il?

JOLI-CŒUR, relevant sa moustache.

C'est selon!

TEREZINE.

Et comment?

TRIO.

JOLI-CŒUR, avec une fatuité de soldat.

Dedans le cours de mes conquêtes
J'ai vu des postes dangereux!
Mais, je le sens, ceux où vous êtes
Sont encor bien plus périlleux!

TEREZINE, minaudant.

Pourquoi donc? suis-je une ennemie?

JOLI-CŒUR.

Puisque vous repoussez mes feux.

TEREZINE, à Joli-Cœur, mais regardant toujours Guillaume du coin de l'œil.

Qui vous l'a dit, je vous en prie?

(tendrement.)

Du moins ce ne sont pas mes yeux !

JOLI-COEUR, vivement.

Eh quoi ! l'ardeur qui me dévore,
Votre cœur la partage aussi !

(Térézine ne répond pas, baisse les yeux et regarde Guillaume en dessous.)

JOLI-COEUR, se retournant vers Guillaume.

J'en étais sûr, elle m'adore.

GUILLAUME, froidement.

C'est possible ! pour aujourd'hui !

TEREZINE, avec colère, regardant Guillaume.

Eh bien ! Eh bien !
Cela ne lui fait rien,
Ah ! je n'y conçois rien.

TEREZINE.	JOLI-COEUR, à Térézine.
Un faible esclave	Oui, le plus brave
Ainsi me brave !	N'est qu'un esclave
Mais dans mes fers il reviendra ;	Que l'amour toujours soumettra,
Car je l'ai dit, et ce sera !	Et dans vos chaînes me voilà !

GUILLAUME, à part.

Moi, son esclave,
Je deviens brave ;
Mon talisman me sauvera
D'un rival tel que celui-là !

JOLI-COEUR, à Térézine.

Mais pour qu'enfin l'hymen couronne
Et ma constance et mes amours,
Quel jour choisissez-vous ?

TEREZINE, regardant Guillaume.

(à part.)

Quel jour !... Dieu me pardonne !

ACTE I, SCÈNE VIII.

Il frémit...

(Guillaume a fait un geste d'effroi, puis il tire la fiole de sa poche et la regarde.)

GUILLAUME, à part.

Calmons-nous !

JOLI-COEUR, à Térézine.

Eh bien ! quand ?

TEREZINE.

Dans huit jours.

JOLI-COEUR, avec joie.

Son époux ! dans huit jours !

TEREZINE, regardant Guillaume.

Dans huit jours !

GUILLAUME riant.

Tandis que moi... demain...

TEREZINE.

Cela ne lui fait rien !

Non, je n'y conçois rien.

TEREZINE.	JOLI-COEUR.
Un faible esclave	Oui, le plus brave
Ainsi me brave !	N'est qu'un esclave
Mais dans mes fers il reviendra,	Que toujours l'amour soumettra,
Car je l'ai dit, et ce sera !	Et dans vos chaînes me voilà !

GUILLAUME.

Moi, son esclave,
Je deviens brave ;
Mon talisman me sauvera
D'un rival tel que celui-là.

SCÈNE IX.

LES PRÉCÉDENS, SOLDATS arrivant par le fond; JEAN-
NETTE, et gens du village qui la suivent.

FINAL.

CHŒUR DE SOLDATS, s'adressant à Joli-Cœur.

C'est un ordre du capitaine,
Qui vient d'arriver à l'instant:
Le voici! lisez, mon sergent.

JOLI-CŒUR, prenant la lettre qu'on lui présente.

(Il lit.)

Voyons!... O ciel! à la ville prochaine
Nous allons tenir garnison!
Et nous partons dès demain!...

GUILLAUME, à part se frottant les mains.

C'est très bon!

ENSEMBLE.

CHŒUR DE SOLDATS.	JEANNETTE, et les jeunes filles.
Ah! quel malheur! ah quel dommage!	Quel contre-temps et quel dommage!
De garnison changer toujours!	De garnison changer toujours!
(regardant les jeunes filles.)	
Nous quittons ce joli village	Ils vont quitter notre village
Et les objets de nos amours!	Et nous, l'objet de nos amours!

JOLI-CŒUR.

Quel contre-temps! morbleu! j'enrage!
De garnison changer toujours!
On n'aime pas, quoique volage,
A quitter de nouveaux amours.

ACTE I, SCÈNE IX.

GUILLAUME.
Ah! quel bonheur, quel avantage!
Il s'éloigne de ce séjour!
Et je reste dans ce village
Près de l'objet de mon amour.

TEREZINE, avec dépit.
Quoi! de mes fers il se dégage,
Il oublie ainsi son amour!
C'est un affront, c'est un outrage!
Je veux m'en venger à mon tour.

JOLI-COEUR, à Térézine.

Vous l'entendez; demain, ma reine...

TEREZINE, souriant.

Il faut partir!

JOLI-COEUR.

Du moins j'ai vos sermens.

TEREZINE.

Sans doute!

JOLI-COEUR.

Et cette main doit s'unir à la mienne!

TEREZINE, riant.

Je l'ai promis!

JOLI-COEUR,

Qu'importe alors le temps!

TEREZINE ET GUILLAUME.

Que veut-il dire?

JOLI-COEUR.

Adorable maîtresse,
Puisque demain matin l'honneur et le devoir
M'appellent loin de vous, tenez votre promesse,
Aujourd'hui même et dès ce soir!

GUILLAUME, vivement et avec crainte.

Aujourd'hui même!...

TEREZINE, l'observant à part.
Il se trouble!

GUILLAUME, de même.
Et dès ce soir!

TERESINE, de même.
Quel embarras.
(s'adressant à Joli-Cœur, en regardant toujours Guillaume.)
Et pourqoi donc? et pourquoi pas?
(à part.)
C'est charmant! son trouble redouble!

JOLI-COEUR.
J'y puis compter! vous l'avez dit.

TEREZINE, lui répondant sans l'écouter, et regardant toujours Guillaume avec une joie maligne.
Oui vraiment

JOLI-COEUR.
Dès ce soir.

TEREZINE, de même.
Oui vraiment.

JOLI-COEUR.
A minuit.

GUILLAUME, à part.
Dieu quel parti prendre! et que faire?

TEREZINE, regardant toujours Guillaume avec satisfaction.
Dans mes chaînes il reviendra!
Je l'avais dit : et l'y voilà!

JOLI-COEUR.
Elle est à moi! quel sort prospère!

ACTE I, SCÈNE IX.

GUILLAUME, se désespérant.

L'épouser dès ce soir! O funeste destin!
Quand elle doit, hélas! ne m'aimer que demain?

ENSEMBLE.

CHOEUR DE SOLDATS.	JEANNETTE et les jeunes filles.
Ah! quel bonheur! un mariage!	Ah! quel bonheur! un mariage!
Nous resterons encore un jour!	Ils resteront encore un jour!
Il nous reste dans ce village	Et c'est encor pour le village
Un jour de plaisir et d'amour.	Un jour de plaisir et d'amour.

JOLI-COEUR.

Quel sort heureux, quel doux partage!
La beauté me cède toujours;
Et dès ce soir l'hymen m'engage
Avec l'objet de mes amours.

TEREZINE.	GUILLAUME.
Oui, j'ai ressaisi l'avantage!	Non, plus d'espoir, plus de courage;
De lui je triomphe à mon tour.	Je perds l'objet de mes amours.
Le voilà, cet amant volage;	Hélas! pour détourner l'orage
A mes pieds il est de retour.	A quel moyen avoir recours!

JOLI-COEUR.

Soldats! habitans du village,
Je vous invite tous à ce doux mariage!
Car nous aurons avant le moment nuptial
Et le festin et le bal!

CHOEUR GÉNÉRAL.

Il nous invite tous à ce doux mariage!

CHOEUR DE SOLDATS.

Nous aurons un festin!

CHOEUR DE JEUNES FILLES.

Et nous aurons un bal!

ENSEMBLE.

SOLDATS,	JEUNES FILLES.
Ah! quel bonheur! un mariage, etc.	Ah! quel bonheur! un mariage, etc.

JOLI-CŒUR.	TEREZINE.
Quel sort heureux, etc.	Oui, j'ai ressaisi l'avantage, etc.

GUILLAUME.

Non, plus d'espoir, plus de courage !
Je perds l'objet de mes amours.
Hélas! pour détourner l'orage
A quel moyen avoir recours?

(Joli-Cœur offre la main à Térézine et entre avec elle dans la ferme. Les soldats, les gens du village les suivent. Guillaume est de l'autre côté seul et désespéré ; Térésine jette un dernier regard sur lui. La toile tombe.)

FIN DU PREMIER ACTE,

ACTE II.

Un autre endroit du village. A droite la maison de Térézine, vue d'un autre côté. A gauche la caserne et une auberge. Au lever du rideau, une grande table est dressée à droite, et l'on voit assis et mangeant, Térézine, Joli-Cœur et Jeannette : le docteur Fontanarose et autres habitans du village, des jeunes gens et des jeunes filles qui n'ont pu trouver place à table, dansent au milieu, tandis qu'à gauche les musiciens du régiment, montés sur une estrade, jouent des fanfares.

SCÈNE PREMIÈRE.

TEREZINE, JOLI-COEUR, JEANNETTE, FONTANAROSE, JEUNES FILLES, SOLDATS.

CHOEUR.

Chantons ce mariage,
Et leur félicité!
Dans ce jour le courage
S'unit à la beauté.

FONTANAROSE, à table et mangeant.

Plaisirs doux et précoces,
Qui ne nous trompent pas.
Moi ce que j'aime dans les noces,
Ce sont les grands repas !

TEREZINE, regardant autour d'elle, à part et avec inquiétude.

Mais Guillaume ne paraît pas !

CHOEUR.

Chantons ce mariage,
Et leur félicité!

Dans ce jour le courage
S'unit à la beauté.

JEANNETTE, se levant de table et s'avançant près de Térézine avec plusieurs de ses compagnes.

PREMIER COUPLET.

Habitans des bords de l'Adour,
Vous savez que sur ce rivage,
On parle toujours sans détour,
Du pays Basque, c'est l'usage !
Des fillettes de ce village,
Interprète pour un moment,
Je viens, dans mon simple langage,
Vous adresser leur compliment.
Que le ciel vous donne en présent
Paix et bonheur en mariage,
Et qu'il nous en arrive autant!

DEUXIÈME COUPLET.

(lui présentant un bouquet.)

Que la mariée en ce jour
Joigne à sa parure nouvelle,
Comme gage de notre amour,
Ces fleurs qui sont moins fraîches qu'elle !
D'une destinée aussi belle,
Que l'avenir est séduisant !
Et tout bas, chaque demoiselle
Dit comme moi dans ce moment...
Que le ciel vous donne en présent
Un époux aimable et fidèle,
Et qu'il nous en envoie autant!

ACTE II, SCÈNE I.

FONTANAROSE, se levant et s'adressant aux mariés.

Puisque l'on chante ici, couple aimable et fidèle,
Je veux aussi payer mon écot en chansons.

(tirant de sa poche plusieurs petits livrets brochés.)

De mon recueil voici la plus nouvelle ;
Avec la mariée, ici nous la dirons.

(remettant un des livrets à Térézine et lui indiquant l'endroit où il faut chanter.

Le Sénateur, la Gondolière !
Barcarole à deux voix et chanson étrangère !
Je fais le sénateur, et vous la gondolière.

PREMIER COUPLET.

« Je suis riche, vous êtes belle,
« J'ai des écus, vous des appas !
« Pourquoi, Zanetta la cruelle,
« Pourquoi ne m'aimeriez-vous pas ?

TEREZINE.

« Quelle surprise !
« Et quel honneur !
« Un sénateur
« De Venise,
« D'amour venir me supplier !...
« Mais je suis gondolière,
« Et je préfère
« Zanetto le gondolier !

ENSEMBLE.

TEREZINE.	FONTANAROSE.
« Non, non, c'est trop d'honneur,	« Allons, plus de rigueur,
« Monsieur le sénateur !	« Ecoute un sénateur !

DEUXIÈME COUPLET.

FONTANAROSE.

« Emmène-moi sur ta gondole,
« Mes trésors charmeront tes jours !
« L'amour est léger... il s'envole !
« Mais les ducats restent toujours !

TEREZINE.

« Quelle surprise !
« Et quel honneur !
« Un sénateur
« De Venise,
« A son sort veut me lier !...
« Mais je suis gondolière,
« Et je préfère
« Zanetto le gondolier ! »

ENSEMBLE.

TEREZINE.	FONTANAROSE.
« Non, non, c'est trop d'honneur,	« Allons, plus de rigueur,
« Monsieur le sénateur !	« Ecoute un sénateur ! »

(On danse, et à la fin du ballet, paraît un tabellion le contrat à la main.)

JOLI-COEUR.

O doux aspect ! c'est monsieur le notaire,
Qui vient pour nous prêter son noble ministère !

(Tout le monde se lève.)

TEREZINE, avec dépit, regardant autour d'elle et à part.

Guillaume n'est pas là !... quel serait son dépit ?

JOLI-COEUR.

Qu'avez-vous ?

ACTE II, SCÈNE I.

TEREZINE.
(à part.)

Rien! Mais son absence,
De ma juste vengeance
Me fait perdre tout le fruit.

(Joli-Cœur lui offre la main et l'emmène pendant que malgré elle Térézine regarde toujours si Guillaume ne vient pas.)

CHŒUR.

Chantons ce mariage,
Et leur félicité!
Dans ce jour le courage
S'unit à la beauté!

(Ils entrent tous dans la maison de Térézine, il ne reste en scène que Fontanarose qui, demeuré seul à table, continue à boire et à manger avec la même activité.)

SCÈNE II.

FONTANAROSE, à table, GUILLAUME, au fond du théâtre.

GUILLAUME.

Voici le soir! l'heure s'avance!
A quel moyen avoir recours?
Malheureux et sans espérance,
Je n'ai plus qu'à finir mes jours!

FONTANAROSE, à table et fredonnant l'air qu'il vient de chanter.

« Allons plus de rigueur,
  « Écoute un sénateur.

GUILLAUME, l'apercevant et courant à lui.

Quoi c'est vous! dans cette demeure!

FONTANAROSE.

A dîner l'on m'a retenu,
Et je repars dans un quart-d'heure !

GUILLAUME, avec chaleur.

Mon cher ami, je suis perdu !

FONTANAROSE, la bouche pleine et sans se retourner.

Pourquoi donc ?

GUILLAUME.

Il faut que l'on m'aime.
Avant ce soir, à l'instant même !
En savez-vous le moyen ?

FONTANAROSE.

Oui vraiment !
Si vous voulez qu'on vous adore,
Il faut doubler la dose et m'acheter encore
Quelques nouveaux flacons de ce philtre puissant !

GUILLAUME.

Et l'on m'aimera sur-le-champ ?

FONTANAROSE.

Je le crois bien ! les vertus en sont telles
Qu'après cela, même sans le vouloir,
Vous plairez à toutes les belles.

GUILLAUME, vivement.

Dès ce soir même !

FONTANAROSE

Dès ce soir.

GUILLAUME, l'embrassant.

Ah ! ce seul mot me rend à l'existence ;
Donnez vite, donnez.

ACTE II, SCÈNE II.

FONTANAROSE.

Jamais je ne balance,
Dès qu'il faut obliger... Avez-vous de l'argent?

GUILLAUME, naïvement.

Je n'en ai plus.

FONTANAROSE, froidement.

C'est différent!

(montrant l'auberge à gauche.)

Dès que vous en aurez, c'est là qu'est ma demeure!
Hâtez-vous, je l'ai dit : je pars dans un quart-d'heure.

(Il entre dans l'auberge.)

SCÈNE III.

GUILLAUME, puis JOLI-COEUR, sortant de la ferme à droite.

GUILLAUME.

De désespoir je reste anéanti.

JOLI-COEUR, à part et avec fatuité.

Que la femme est un être inexplicable et tendre!
Tout est prêt; elle m'aime! et veut encore attendre
A ce soir, pour signer.

GUILLAUME, à part, regardant Joli-Coeur.

Voilà donc son mari!

(s'arrachant les cheveux.)

De rage j'en mourrai!

JOLI-COEUR, l'apercevant.

Qu'a donc cet imbécile?

(haut.)

Approche, mon garçon, pourquoi te désoler?

GUILLAUME, tristement.

Quand on a besoin d'or, il est si difficile
D'en trouver...

JOLI-COEUR.

Pourquoi donc? Tu n'as qu'à t'enrôler.

DUO.

JOLI-COEUR.

Si l'honneur a pour toi des charmes,
Viens dans nos rangs, n'hésite plus.
Aux héros qui prennent les armes
J'offre la gloire et vingt écus!

GUILLAUME.

Quoi! l'on trouve en prenant les armes
L'honneur, la gloire et vingt écus!

JOLI-COEUR.

Et les amours qui d'ordinaire
Suivent toujours le militaire.

GUILLAUME.

Et vingt écus!

JOLI-COEUR.

Oui, vingt écus!

ACTE II, SCÈNE III.

ENSEMBLE.

JOLI-COEUR.

Oui, tu peux m'en croire,
Au son du tambour
T'invitent la gloire
Ainsi que l'amour.
  Tout pour la gloire!
  Tout pour l'amour!

GUILLAUME.

Ah! loin de le croire,
Je songe en ce jour,
Non pas à la gloire,
Mais à mon amour.
  Rien pour la gloire!
  Tout pour l'amour!

JOLI-COEUR.

Eh quoi! des périls de la guerre
Ton cœur serait-il alarmé?

GUILLAUME, à part.

L'existence doit être chère
Quand on est si près d'être aimé.

(haut.)

N'importe?

JOLI-COEUR.

Il y consent.

(Il tire un papier de sa poche et écrit l'engagement sur la table à droite.)

GUILLAUME, pendant ce temps s'avance au bord du théâtre.

Oui, je sais que la vie
Dès demain peut m'être ravie,
Mais je dirai: pendant un jour,
Pendant un jour, j'eus son amour!
Et n'est-ce rien qu'un jour,
De bonheur et d'amour!

JOLI-COEUR, qui a achevé d'écrire.

Tout est prêt, et tu peux m'en croire,

Tu trouveras, n'hésite plus,
Et l'amour et la gloire.

GUILLAUME.

La gloire et vingt écus.

JOLI-COEUR, les lui donnant.

Les voilà!

GUILLAUME.

Je les tiens!
Pour moi c'est le premier des biens.

JOLI-COEUR.

Signe!

(voyant qu'il hésite.)

Ou bien fais ta croix.

GUILLAUME, faisant sa croix.

De grand cœur! à l'instant.

(à part, montrant l'auberge à gauche.)

Et courons retrouver le docteur qui m'attend.

ENSEMBLE.

JOLI-COEUR.	GUILLAUME.
Ah! quel bonheur! il est à moi,	Ah! quel bonheur! elle est à moi;
Le voilà donc soldat du roi.	Je vais donc obtenir sa foi.
Victoire! victoire!	Victoire! victoire!
Au son du tambour	Il faut dans ce jour
T'invitent la gloire	Songer à la gloire
Ainsi que l'amour.	Ainsi qu'à l'amour.
Tout pour la gloire!	Tout pour la gloire!
Tout pour l'amour!	Tout pour l'amour!

(Guillaume entre dans l'auberge à gauche.)

SCÈNE IV.

JOLI-COEUR, puis JEANNETTE et les jeunes filles du village qui arrivent par le fond.

CHOEUR.

JEANNETTE et les jeunes filles causant vivement entre elles.

Grands dieux! quelles nouvelles!
Qui jamais les croirait?
Surtout, mesdemoiselles,
Gardez bien le secret!

JOLI-COEUR.

Eh! mais qu'avez-vous donc?

TOUTES.

Ah! c'est une aventure
Qui nous étonne bien!

JOLI-COEUR.

Parlez, je vous conjure!

TOUTES.

Mais vous n'en direz rien.

JOLI-COEUR.

Pas plus que vous, sans doute;
Parlez: je vous écoute.
Eh bien! eh bien!...

TOUTES.

Grands dieux! quelles nouvelles!
Qui jamais les croirait?
Surtout, mesdemoiselles,
Gardez-bien le secret!

JEANNETTE à JOLI-COEUR, qui la regarde avec impatience.

C'est Thomas, le mercier, qui revient à l'instant,
Apportant de la ville un important message!
Guillaume avait un oncle!

TOUTES, gaîment.

Il est mort!

JOLI-COEUR.

Ah! vraiment!

JEANNETTE.

Et lui laisse en mourant un immense héritage!

TOUTES.

D'ici, c'est le plus riche!

JEANNETTE.

Est-ce heureux!

JOLI-COEUR, avec indifférence.

Fort heureux!
Mais je vous quitte, et pour mon mariage
Je vais tout disposer. Sous les armes, je veux
Que mes soldats, ce soir, rendent hommage
A mon épouse, à moi! Sans adieux.

TOUTES.

Sans adieux!

(Joli-Cœur sort.)

CHOEUR.

Pour nous quelles nouvelles!
Qui jamais les croirait?
Surtout, mesdemoiselles,
Le plus profond secret!

SCÈNE V.

JEANNETTE, les jeunes filles, **GUILLAUME**,
sortant de l'auberge à gauche.

JEANNETTE, aux jeunes filles en leur montrant Guillaume.

Il ne sait rien encor! le voilà!... taisons-nous!

GUILLAUME, à part.

Mes lèvres ont pressé ce breuvage si doux
Qui fait que la beauté vous préfère et vous aime!
    Et le docteur qui va partir
      Pour moi, prétend qu'à l'instant même
Ses effets merveilleux vont se faire sentir.

JEANNETTE, et les jeunes filles, lui faisant l'une après l'autre la révérence.

    Monsieur Guillaume, vot' servante!

(à part, le regardant avec bienveillance.)

    Ah! qu'il a l'air aimable et bon!
    De son bonheur je suis contente.
    Ah! la fortune a bien raison!

GUILLAUME, les regardant d'un air étonné.

    Mais quel air gracieux et tendre!
    Dans leurs regards que de douceur!
    D'honneur! je n'y puis rien comprendre.
    Eh! mais... j'y pense!.. le docteur
    M'assurait qu'à toutes les belles
    J'allais plaire sans le vouloir,
    Et de ce philtre le pouvoir
    Agirait-il déjà sur elles?

(Plusieurs jeunes filles à droite, lui faisant la révérence.)

Monsieur Guillaum'!

LE PHILTRE.

GUILLAUME.

Quel embarras.

LES AUTRES, à gauche, de même.

Monsieur Guillaume!

GUILLAUME.

Que faire hélas!

TOUTES ENSEMBLE,
lui faisant la révérence.

Monsieur Guillaume! vot' servante.
(entre elles.)
Ah! qu'il a l'air aimable et bon!
De son bonheur je suis contente.
Ah! la fortune a bien raison!

GUILLAUME, les regardant.

Non, non, non, plus d'incertitude.
Ah! c'est bien cela, je le vois!
Moi qui n'en ai pas l'habitude;
C'est trop de bonheur à la fois!

SCÈNE VI.

GUILLAUME et les jeunes filles qui l'entourent; FONTA-NAROSE, le chapeau sur la tête, prêt à partir sortant de l'auberge à gauche et TEREZINE, de la ferme à droite avec JOLI-COEUR, qui la quitte en lui baisant la main et traverse le théâtre; Térézine s'approche alors du groupe des jeunes filles.

FONTANAROSE ET TEREZINE, chacun de leur côté apercevant Guillaume au milieu des jeunes filles.

Eh! mais, que vois-je?

GUILLAUME, apercevant Fontanarose et courant à lui.

Ah! c'est magique!
Vous m'aviez dit vrai, cher docteur,
Et par un effet sympathique
J'ai déjà su toucher leur cœur!

TEREZINE à part, et sans se montrer.

Qu'entends-je! ô ciel!

ACTE II, SCÈNE VI.

FONTANAROSE, à part, et avec étonnement.

L'aventure est unique !

(allant à Jeannette et aux jeunes filles et leur montrant Guillaume.)

Est-il possible ! il vous plaît !

JEANNETTE et les jeunes filles, faisant la révérence.

Mais oui-dà !
Monsieur Guillaume est bien fait pour cela !

QUATUOR.

FONTANAROSE.	TEREZINE, à part et sans se montrer.
O miracle ! ô surprise extrême !	Qu'ai-je entendu ? Surprise extrême !
Ai-je dit vrai sans le vouloir ?	Je le croyais au désespoir,
Me serais-je abusé moi-même	Et je vois que chacune l'aime.
Sur ce philtre et sur son pouvoir ?	Non, je n'y puis rien concevoir.
JEANNETTE.	GUILLAUME.
O bonheur ! ô surprise extrême !	O miracle ! ô bonheur extrême !
Il est riche sans le savoir !	Grace à ce magique pouvoir,
J'en suis sûre, c'est moi qu'il aime,	Il est donc vrai qu'enfin l'on m'aime ;
Et de l'épouser j'ai l'espoir.	Mon cœur bat d'amour et d'espoir.

JEANNETTE, à Guillaume.

On danse là-bas sous l'ombrage,
Y viendrez-vous ?

GUILLAUME.

Cela me plaît assez.

JEANNETTE.

Est-ce avec moi que vous dansez ?

TOUTES.

C'est avec moi !
C'est avec moi !

JEANNETTE.

Non, c'est moi qu'il engage.

LE PHILTRE.

TOUTES.

C'est moi !
C'est moi !
C'est moi !

GUILLAUME, à Fontanarose.

Quel embarras !
Chacune m'invite à la ronde,
Et quoiqu'on veuille, on ne peut pas
Danser avec tout le monde !

JEANNETTE et les autres.

Prononcez ! choisissez !

GUILLAUME, avec embarras.

Eh ! mais...

(à Jeannette.)

Vous, d'abord, et les autres après !

FONTANAROSE.

Dieu ! quel danseur !

ENSEMBLE.

JEANNETTE.	LES AUTRES JEUNES FILLES.
Ah ! j'ai la préférence !	Elle a la préférence ;
C'est moi qu'il veut choisir !	Mais mon tour va venir.
Livrons-nous à la danse,	Livrons-nous à la danse,
Livrons-nous au plaisir.	Livrons-nous au plaisir.

GUILLAUME.

Ah ! mon bonheur commence,
Quel heureux avenir !
Livrons-nous à la danse,
Livrons-nous au plaisir.

ACTE II, SCÈNE VI.

FONTANAROSE.

Pour moi, quelle opulence!
Quel heureux avenir!
De ma propre science
Je ne puis revenir.

TEREZINE.

Que de frais, de dépenses!
Il n'a plus qu'à choisir;
On lui fait des avances,
Je n'en puis revenir.

(Guillaume, entraîné par Jeannette et les jeunes filles, va pour sortir, il aperçoit Térézine qui s'avance vers lui, il s'arrête.)

TEREZINE allant à lui.

Guillaume! un seul mot!

GUILLAUME, ravi et à part.

Dieu! qu'entends-je!
Elle aussi!!

TEREZINE.

Joli-Cœur m'apprend
Que vous vous engagez!

JEANNETTE.

Ah! quel projet étrange!

TEREZINE.

Je veux à ce sujet vous parler!...

GUILLAUME, vivement.

Sur-le-champ!

JEANNETTE, le tirant par le bras de l'autre côté.

Et la danse!

GUILLAUME, à Térésine, montrant les jeunes filles.

Pardon! j'ai promis! l'on m'attend!
Mais près de vous, prompt à me rendre,
Je vais danser bien vite et reviens à l'instant!

(à part en montrant Térézine.)

Je devine déjà ce qu'elle veut m'apprendre!

LE PHILTRE.

(la regardant.)

Elle aussi ! quel bonheur !

(à part.)

Je reviens !... c'est charmant !

JEANNETTE et les jeunes filles.

Partons donc !

ENSEMBLE.

JEANNETTE.	LES JEUNES FILLES
Ah ! j'ai la préférence,	Elle a la préférence ;
C'est moi qu'il veut choisir !	Mais mon tour va venir.
Livrons-nous à la danse,	Livrons-nous à la danse,
Livrons-nous au plaisir.	Livrons-nous au plaisir.

GUILLAUME.

Ah ! mon bonheur commence,
Quel heureux avenir !
Livrons-nous à la danse,
Livrons-nous au plaisir.

FONTANAROSE.	TEREZINE.
Pour moi, quelle opulence !	Que de frais, de dépenses !
Quel heureux avenir !	Il n'a plus qu'à choisir ;
De ma propre science	On lui fait des avances,
Je ne puis revenir.	Je n'en puis revenir.

(Guillaume sort par la gauche au milieu des jeunes filles qui l'entourent et pendant toute la scène suivante, on entend dans le lointain une musique de bal.)

SCÈNE VII.

TEREZINE, FONTANAROSE.

TEREZINE, regardant sortir Guillaume.

Qu'il a l'air content et joyeux !

FONTANAROSE, se rengorgeant.

Grace à mon art miraculeux !

ACTE II, SCÈNE VII.

TEREZINE.

Comment cela ?

FONTANAROSE.

D'une beauté cruelle,
Il était amoureux !... je ne sais pas laquelle.

TEREZINE, vivement.

Il aimait !

FONTANAROSE.
(montrant un flacon.)

Sans espoir, et ce philtre puissant
L'a fait de tout le monde adorer sur-le-champ.
Vous l'avez vu !

TEREZINE, souriant.

Je vois que c'est un badinage.

FONTANAROSE.

Non pas ! car ce secret par lui fut acheté
Au prix de tout son or et de sa liberté !

TEREZINE, étonnée.

Quoi ! c'est pour cela qu'il s'engage !

FONTANAROSE.

Oui, pour se faire aimer de celle qu'il aimait ;
Et pour payer ce trésor impayable,
Il s'est enrôlé !

TEREZINE, à part et avec émotion.

Lui que mon cœur dédaignait ?
Tant d'amour !... d'amour véritable !

FONTANAROSE, s'approchant d'elle et offrant des flacons.

En voulez-vous ? pour cause de départ,
Je le vendrai moins cher !

TEREZINE, *regardant à gauche et à part.*

C'est lui ! je crois l'entendre.
A mes ordres il vient se rendre !
Pauvre garçon !

FONTANAROSE.

Eh bien !

TEREZINE.

Nous verrons ! Mais plus tard.

(*Fontanarose rentre dans l'auberge et Guillaume paraît au fond venant de la gauche.*)

SCÈNE VIII.

GUILLAUME, TEREZINE.

GUILLAUME.

Oh ! c'est miraculeux ! tout le monde m'adore !
On me le dit, du moins ; et les filles d'ici
Me veulent toutes pour mari.

TEREZINE.

Et vous, Guillaume ?

GUILLAUME.

Et moi j'attends encore...
(*la regardant et à part.*)
Un bonheur... qui bientôt viendra !

TEREZINE.

Écoutez-moi, de grace !

GUILLAUME, *avec satisfaction.*

Enfin, nous y voilà !

ACTE II, SCÈNE VIII.

TEREZINE.

Je sais que vous vouliez, dans votre ardeur guerrière,
Vous enrôler! Pourquoi?... dites-le-moi!

DUO.

GUILLAUME.

Je voulais partir pour la guerre,
Et de mon mieux servir le roi,
Puisque c'était, dans ma misère,
Le seul qui voulût bien de moi!

TEREZINE.

Votre existence nous est chère,
Ainsi que votre liberté!
Cet engagement téméraire
Le voici!... je l'ai racheté.

(Elle lui montre un papier.)

GUILLAUME.

Que de bonté!... quoi c'est vous-même!
(à part.)
Mais c'est tout simple quand on aime!
Et c'est cela!... c'est bien cela.

TEREZINE.

Je vous le rends!... le voilà!...

(Elle lui présente le papier, en le prenant Guillaume rencontre la main de Térézine qui la retire avec émotion.)

GUILLAUME, la regardant avec amour.

Oui, je crois voir, douce espérance,
Trembler sa main, battre son cœur :
Philtre divin! déjà commence
Et ton pouvoir et mon bonheur!

TEREZINE.

Adieu !

GUILLAUME.
(avec embarras.)

Vous me quittez !... Vous avez, je suppose,
Autre chose à me dire encore.

TEREZINE.

Moi ! non !

GUILLAUME, avec effroi.

Eh quoi ! pas autre chose !...

TEREZINE.

Pas autre chose !

GUILLAUME, atterré.
(lui rendant le papier.)

O ciel ! je m'abusais ! Qu'importe alors mon sort !
Si je ne suis aimé, je préfère la mort.

ENSEMBLE.

GUILLAUME.	TEREZINE, à part.
Mieux vaut mourir	Il veut partir ;
Que de souffrir	C'est trop souffrir !
Tous les tourmens	Tous ses tourmens,
Que je ressens !	Je les ressens.

GUILLAUME.

Ainsi ce talisman, pour toute autre infaillible,
Sur elle est sans pouvoir ! elle reste insensible !
Adieu ! je pars et puisque le docteur
M'a trompé...

TEREZINE, le retenant et avec tendresse.

Non !... non, si j'en crois mon cœur !

ACTE II, SCÈNE VIII.

ENSEMBLE.

GUILLAUME.	TEREZINE.
Dieu! que viens-je d'entendre!	Je ne puis m'en défendre :
O moment enchanteur!	Ses tourmens, sa douleur,
Ce mot vient de me rendre	Et cet amour si tendre
La vie et le bonheur.	Ont su toucher mon cœur.
Près de ce que j'adore	De l'amant qui m'adore
Je demeure en ces lieux;	Comblons enfin les vœux.
Et le ciel que j'implore	C'est être heureuse encore
A comblé tous mes vœux.	Que de le rendre heureux.

(la fin de cet ensemble qui est sur un mouvement de marche militaire, on voit à gauche arriver Fontanarose, Jeannette et tous les habitans du village, et à droite paraître Joli-Cœur qui marche devant ses soldats en tournant le dos à Térézine.)

JOLI-COEUR, à ses soldats et réglant le pas.

Une deux! une deux!
Halte - front - présentez les armes!

(Il se retourne et apperçoit Guillaume qui dans ce moment vient de se jeter aux pieds de Térézine.)

Ah! grands dieux!
Je rends à mon rival les honneurs militaires!

TEREZINE, allant à Joli-Cœur.
Vous saurez tout, sergent!

(Elle continue à lui parler bas, elle a l'air de se justifier en lui racontant ce qui est arrivé ; Joli-Cœur relève sa cravate d'un air avantageux et semble dire en regardant Jeannette qu'il ne manquera pas de consolations. Pendant ce temps Guillaume qui a apperçu Fontanarose se lève, court à lui et lui saute au col.)

GUILLAUME.
O philtre merveilleux,
Par lui je suis aimé! par lui je suis heureux!

FONTANAROSE, avec fatuité.

De mon art ce sont là les effets ordinaires !

(montrant Jeannette.)

De plus, mon jeune ami, j'apprends que vous voilà
Très riche !

TEREZINE, étonnée.

Est-il vrai ?

GUILLAUME, avec indifférence.

(montrant Térézine.)

Riche !... ah ! je l'étais déjà !

FONTANAROSE, se tournant vers les paysans.

Car ce philtre, messieurs, que pour rien je vous laisse,
Ce philtre peut aussi procurer la richesse.

TOUS, l'entourant.

Donnez, donnez-m'en sur-le-champ !
Voilà ! voilà ! mon argent.

FONTANAROSE, faisant sonner les pièces de monnaie qui sont dans son chapeau.

O philtre tout puissant !
Je disais bien qu'il donnait la richesse.

(En ce moment le cabriolet du charlatan paraît au milieu du théâtre.)

FONTANAROSE.

Adieu, soyez heureux !... Adieu mes bons amis !
Je reviendrai dans ce pays.

(Il monte sur son cabriolet.)

CHŒUR.

Honneur ! honneur
A ce savant docteur !
Je lui dois la richesse,
Je lui dois le bonheur.

ACTE II, SCÈNE VIII.

GUILLAUME.   TEREZINE.

Je lui *dois* ma maîtresse,   Je lui dois sa tendresse,
Je lui dois le bonheur.   Je lui dois le bonheur.

JOLI-COEUR.

Oui, pour une traîtresse
Qui trahit mon ardeur,
Plus d'une autre maîtresse
Me rendra le bonheur.

TOUS.

Honneur! honneur! à ce savant docteur.

(Le charlatan est sur son char; son valet sonne de la trompette; tous les villageois agitent leurs chapeaux et le saluent. La toile tombe.)

FIN DU DEUXIÈME ET DERNIER ACTE.

www.ingramcontent.com/pod-product-compliance
Lightning Source LLC
LaVergne TN
LVHW022145080426
835511LV00008B/1264